LETTRE

A M. LE MARQUIS

DE LATOUR-MAUBOURG.

DE L'IMPRIMERIE DE HUZARD-COURCIER,
RUE DU JARDINET, N° 12.

LETTRE

A M. LE MARQUIS

DE LATOUR-MAUBOURG,

MINISTRE DE LA GUERRE,

Sur ce qui s'est passé à Saumur les 7 et 8 octobre 1820;

PAR M. BENJAMIN CONSTANT,

DÉPUTÉ DE LA SARTHE.

TROISIÈME ÉDITION,

Augmentée d'une Réponse aux articles du *Moniteur*, et à un Pamphlet du 2e Adjoint du Maire de Saumur sur les mêmes évènemens.

A PARIS,

CHEZ BÉCHET AINÉ, LIBRAIRE-ÉDITEUR,

QUAI DES AUGUSTINS, N° 57.

ET A ROUEN,

CHEZ BÉCHET FILS, LIBRAIRE,

RUE GRAND-PONT, N° 73.

1820.

Ouvrages de M. Benjamin Constant qui se trouvent chez les mêmes Libraires.

De la Dissolution de la Chambre des Députés, et des résultats que cette dissolution peut avoir pour la Nation, le Gouvernement et le Ministère, 2e édit., 1 vol. in-8°, 2 fr.

Pièces relatives à la saisie de lettres et de papiers, dans le domicile de MM. Goyet et Pasquier de la Sarthe, 1 vol. in-8°, 1 fr.

Des Motifs qui ont dicté le nouveau Projet de loi sur les élections, 1 vol. in-8°, 1 fr. 80 cent.

Mémoire sur les Cent-Jours, en forme de lettres, avec des notes et pièces justificatives, 1re partie, 3 fr.

Nota. Les 2e et 3e parties sont sous presse.

Cours de Politique constitutionnelle, ou Collection complète des Ouvrages publiés sur le Gouvernement représentatif et la Constitution actuelle de la France, 4 vol. in-8°, ou 8 parties séparées, 32 fr.

Nota. Chaque partie se vend séparément 4 fr.

Éloge de sir Samuel Romilly, prononcé à l'Athénée royal de Paris, le 26 décembre 1818, 1 vol. in-8°, 2 fr.

Des Élections de 1818, 1 vol in-8°, 1 fr. 50 c.

Lettre à M. Charles Durand, avocat, en réponse aux questions contenues dans la troisième partie de son ouvrage, intitulé : Marseille, Nîmes et ses environs, en 1815, 1 vol. in-8°, 1 fr. 50 c.

Appel en calomnie de M. Blosseville contre Wilfrid-Regnaud, 1 vol. in-8°, 75 c.

Annales de la session de 1817 à 1818, 5 cahiers in-8°, 5 fr.

Lettres (1re et 2e) à M. Odillon Barrot sur le procès de Wilfrid-Regnaud, 1 vol. in-8°, 75 c.

AVERTISSEMENT.

Ce qui s'est passé à Saumur, les 7 et 8 octobre, a donné lieu, à ce qu'il paraît, à des relations fort inexactes. Ne les ayant pas sous les yeux, je n'ai point le moyen de les vérifier; mais je publie une lettre que j'ai adressée à M. le ministre de la guerre, et dans laquelle tous les faits sont rapportés. J'ai cru devoir cette publication à l'intérêt de la vérité, à ma reconnaissance profonde pour les habitans de Saumur, et à la grande majorité de l'École d'équitation, qui ne doit pas être soupçonnée d'excès qu'elle a hautement et loyalement désapprouvés.

J'ai pensé, de plus, que cette publication pourrait avoir une utilité d'un autre genre. La faction de 1815 se montre partout; l'évènement de Saumur est un échantillon de ce que cette faction voudrait faire. Combien je me féliciterais, si ce pouvait être un motif de plus pour tout bon citoyen, pour tout homme raisonnable, d'écarter avec soin des élections prochaines tous les hommes de cette faction!

LETTRE

A M. LE MARQUIS

DE LATOUR-MAUBOURG,

MINISTRE DE LA GUERRE,

Sur ce qui s'est passé à Saumur les 7 et 8 octobre 1820.

MONSIEUR LE MARQUIS,

M. le comte Gentil-Saint-Alphonse a dû transmettre à Votre Excellence la plainte que j'ai cru, bien plus dans les intérêts de l'ordre public que dans le mien propre, devoir lui adresser, avant de m'éloigner de Saumur. L'enquête qui doit être déjà commencée, et que M. le procureur du Roi poursuivra sans doute avec impartialité, placera tous les faits dans leur véritable jour. Mais il me semble utile, en attendant, d'exposer ces faits tels qu'ils me sont connus et tels que je puis les garantir à Votre Excellence. Je m'oblige à prouver tout ce que j'aurai affirmé dans cette Lettre.

Je venais de parcourir le département de la Sarthe, dont j'ai l'honneur d'être député, et je retournais à Paris par la route de Tours. Arrivé à Saumur le 7 de ce mois, avec un de mes amis, j'allai loger chez un des siens, homme recommandable sous tous les rapports, M. Rossignol-Fleury, ancien militaire, propriétaire riche et membre du collége électoral de département. J'étais à dîner chez lui, avec quinze à dix-huit personnes, au nombre desquelles se trouvaient M. le procureur du Roi, plusieurs électeurs du grand collége, M. Bodin, candidat pour les élections prochaines, et d'autres citoyens non moins connus et considérés. Vers la fin du dîner, quelques jeunes gens, appartenant à l'École d'équitation, et sortant, probablement dans un état d'ivresse, des maisons où ils avaient dîné eux-mêmes, vinrent pousser sous mes fenêtres plusieurs de ces cris qui, à Nîmes, à Avignon, à Toulouse, ont plus d'une fois préludé au meurtre. Je suis fâché de dire qu'ils mêlaient à ces cris celui de *Vive le Roi :* mais c'est avec plaisir que j'ajoute que cette conduite ne doit nullement être attribuée à toute l'École d'équitation. Au contraire, immédiatement après que les perturbateurs se furent retirés, six officiers de cette École m'apportèrent l'assurance que l'immense majorité désapprouvait les excès de quelques individus. J'appris avec joie que les noms de ces six officiers se rattachaient à nos époques de gloire. Vers le même temps, plusieurs citoyens de la ville m'invitèrent à un banquet pour le surlendemain. Bien que mon premier projet eût été de ne m'arrêter qu'un jour à Saumur, les cris et les menaces dirigés contre moi durent m'engager à accepter cette offre. Chacun se retira. Au milieu de la nuit, les mêmes désordres se renouvelèrent. Quelques menaces d'assassinat s'y joignirent, et j'appris, en me réveillant le lendemain, que le trouble s'était prolongé et accru au point que la police avait envoyé des gendarmes pour garder ma porte.

Le dimanche 8, vers midi, environ quinze à vingt officiers, tous très jeunes, s'introduisirent dans la maison de mon hôte, désavouèrent les réparations dont, la veille, six de leurs camarades s'étaient dits les organes, et prétendant parler au nom de l'École, ce qui était faux, m'intimèrent je ne sais quel ordre de quitter la ville. Je traitai cette espèce de députation armée avec l'indifférence, et je pourrais dire le mépris, que méritait cet oubli des lois et de toutes les règles de la discipline. Ces prétoriens imberbes s'éloignèrent. Après avoir parcouru Saumur, j'allai dîner chez M. Hurault, homme considérable par sa fortune et respectable par sa modération, ses principes et son âge. Un commissaire de police s'était informé deux fois dans la matinée, auprès de M. Hurault lui-même, s'il était certain que je dînerais chez lui, et il en avait reçu l'assurance. C'était sans doute une mesure de précaution : il est fâcheux qu'elle n'ait eu d'autre résultat que celui que je vais être forcé de raconter à Votre Excellence.

Nous étions douze ou quinze à table chez M. Hurault, lorsque vers huit heures, des militaires se réunirent sur une promenade voisine, parcoururent plusieurs rues, menaçant et frappant des hommes désarmés, et entourèrent la maison, en criant que ni moi ni celui qui m'avait reçu, n'en sortirions vivans. Ils essayèrent de briser les portes; quelques-uns cherchèrent à escalader les murs, d'autres à pénétrer par des allées voisines et à entrer par derrière. Le danger parut si pressant à M. Hurault, qu'il aurait voulu m'engager à m'y soustraire par une issue détournée. Quelqu'embarrassant qu'il fût pour moi de m'obstiner à rester chez un citoyen que j'exposais à être la victime innocente d'un complot qui me regardait, je ne crus pas devoir me rendre à sa prière. Il mit en sûreté Mme Hurault, dont la faible santé se ressentira peut-être longtemps d'une scène pareille, et, tranquille à cet égard, se réunit au reste des convives, pour attendre l'événement. Les assiégeans avaient consumé à peu près une heure en efforts inutiles pour mettre en pièces, aux cris de *vive le Roi! mort aux libéraux et à Benjamin Constant,* une porte, dont l'épaisseur leur opposait de la résistance, lorsque des jeunes gens de la ville, qui, informés de leurs projets, avaient déjà tenté de les arrêter, mais n'y avaient pas réussi, parce qu'ils étaient sans armes, s'étant pourvus de pistolets et de cannes, les dissipèrent facilement. En même temps la garde nationale s'était rassemblée.

Toute chance de péril ayant cessé, M. le sous-préfet, M. le procureur du Roi, le maire, ses adjoints et quelques officiers supérieurs de l'École, se présentèrent chez M. Hurault. Le soin qui m'occupa d'abord, fut de constater que les citoyens de Saumur n'avaient trempé en rien dans ces désordres, dont vingt officiers tout au plus étaient coupables. J'obtins en effet la déclaration de M. le maire, portant que ces troubles avaient commencé par l'*étourderie* de quelques élèves. Je passe sous silence l'offre qui me fut faite par M. le sous-préfet d'appeler des troupes de Tours pour me garantir; les tentatives bien intentionnées sans doute, mais superflues pour me faire partir clandestinement; mon séjour à Saumur, durant les deux tiers de la journée suivante, et mon départ, pour lequel je n'avais aucun besoin d'être protégé, n'ayant reçu en traversant la ville que des témoignages de bienveillance de la part de la garde nationale et des citoyens. Ces détails sont étrangers à ce qui est du ressort de V. Exc., dont la juridiction ne s'étend que sur les délits des militaires. Un seul fait est trop essentiel pour être omis. M. Bineau, adjoint du maire, me dit, en présence de toutes les autorités, qu'il s'était adossé ou qu'il avait voulu s'adosser contre la porte extérieure de la maison de M. Hurault, afin que les furieux qui l'environnaient ne parvinssent jusqu'à moi, ajouta-t-il, que sur son cadavre. Sans me charger de concilier ce fait avec d'autres rapports qui assignent une époque plus tardive à l'apparition des autorités, je le rappelle, comme un aveu des projets que la municipalité reconnaissait avoir été conçus.

Voilà, M. le marquis, les faits qui sont à ma connaissance. Je vous les transmets pour ce qu'ils valent. Le parti que prendra le Gouvernement dans cette affaire, l'intéresse plus que moi.

Mais V. Exc. me permettra une observation qui, je le pense, ne sera pas déplacée après le récit de pareils faits. Depuis quelque temps, de fâcheux exemples d'insubordination éclatent sur divers points de la France. A Paris, le 3 juin, des militaires déguisés ont voulu massacrer des députés. Au Mans, des militaires sont entrés à cheval dans la demeure d'un de mes collègues, et l'ont menacé en son absence; enfin, la tranquillité de Saumur a été mise en péril par des militaires.

Je n'insiste pas outre mesure sur les projets d'assassinat annoncés contre moi par des élèves de l'École d'équitation. Je veux accorder toutes les concessions raisonnables. Entre des propos sanguinaires, des menaces coupables, l'acte plus criminel d'enfoncer des portes nuitamment, le sabre en main, et celui d'égorger un homme sans défense, il y a de l'intervalle. Il est toutefois moins grand qu'on ne pense; et si la porte eût cédé, si les assaillans l'eussent brisée, il est problable que ma résistance et celle peut-être de quelques amis, auraient entraîné l'exécution du crime dont les insensés se vantaient d'avance, sans avoir, je le crois, l'intention formelle de le commettre.

Mais, quoi qu'il en soit, il n'en est pas moins manifeste que des excès de cette nature, sont un acheminement au système des assassinats politiques, qui se renouvelle de 1815, parce qu'un ministère a reparu qui courtise les hommes de 1815. La faction qui spécule sur la faiblesse de ce ministère, veut faire aujourd'hui, par des Séides guerriers, ce qu'elle a fait en 1815 par la populace. Les travailleurs de terre de Nîmes n'avaient pas plus d'idées politiques et n'étaient pas au fond plus méchans que les perturbateurs de Saumur.

Ce qu'on a tenté dans cette dernière ville, n'est autre chose que ce que l'on a exécuté dans le midi, avec un succès plus déplorable, contre le général Ramel et le maréchal Brune. La différence a tenu d'abord, à ce qu'à Saumur, une porte a résisté plus long-temps ; ensuite à ce que l'excellente population de Saumur n'a pas été, comme ailleurs, spectatrice patiente, ou féroce auxiliaire : mais les projets ont été les mêmes, les cris étaient les mêmes, et l'on espérait que les résultats seraient les mêmes, parce que leurs auteurs se flattent aujourd'hui de jouir de la même impunité.

Et comment ne s'en flatteraient-ils pas, lorsque les excès du 3 juin sont impunis encore! lorsque ces excès ont été niés, contre l'évidence, par le ministre de la justice! lorsque ce ministre est venu à la tribune accuser les victimes et justifier les aggresseurs! lorsque pas un de ces aggresseurs n'a été arrêté ni même interrogé! lorsqu'enfin ceux qu'on tient dans les fers et qu'on livre aux tribunaux sont précisément et uniquement ceux qu'on suppose appartenir au parti qui était l'objet de ces attaques! Comment les hommes de 1815 ne compteraient-ils pas sur l'impunité, lorsque des journaux censurés prêchent *une jour-*

née, demandent du sang, applaudissent à tout ce qui semble annoncer la terreur de 1793, sous l'étendard de la royauté?

Et que Votre Excellence veuille remarquer à quel danger ce système expose la France. On place les citoyens sous l'autorité discrétionnaire de corps qui se constituent à la fois juges et exécuteurs; comme à Avignon, les meurtriers du maréchal Brune l'assassinèrent parce que sa présence les blessait, comme à Nîmes, on massacra des victimes, parce qu'elles avaient témoigné je ne sais quelle joie dite *Bonapartiste;* à Saumur, des officiers de cavalerie ont voulu m'assaillir, parce que je ne partais point d'après leurs ordres.

Assurément, rien n'était plus simple que mon passage à Saumur pour aller à Tours; mais quand j'aurais eu tort d'aller à Saumur, était-ce à des élèves d'une école d'équitation à juger ma conduite? Assurément les habitans de Saumur avaient droit de m'inviter à un banquet : j'avais droit de l'accepter, mais ils auraient eu tort, j'aurais eu tort moi-même, était-ce à vingt élèves d'une école militaire à se répandre armés dans les rues et à proclamer que je ne sortirais pas vivant de Saumur? Ma conduite, celle de mes hôtes n'étaient de nature à occasionner aucune provocation, mais s'il en eût été autrement, étions-nous justiciables de la fureur insubordonnée de vingt jeunes insensés?

Et que vous dirai-je de ces députations, aussi contraires aux droits des citoyens qu'à la discipline? Naguères, M. le Marquis, vos collègues et vous flétrissiez du nom de séditieux, les rassemblemens, les délibérations, les députations, les pétitions des élèves des écoles de Paris. Ces rassemblemens toutefois, ces députations, ces pétitions n'avaient pour but, que l'expression respectueuse d'opinions permises et légitimes. Vous les avez déclarés coupables. Que penserez-vous de la députation prétendue, qui est venue intimer à un citoyen des ordres illégaux qu'il a dû mépriser, et des rassemblemens qui ont eu pour objet l'entrée de nuit, avec effraction, dans une maison fermée? Votre projet n'est sans doute pas de ne refuser la faculté de se réunir, qu'à la portion estimable de la jeunesse française, pour l'accorder à un ramas de jeunes furieux.

Cependant, M. le Marquis, tel est l'abyme vers lequel on entraîne à grands pas le ministère dont vous faites partie. Il s'agit de savoir si la France sera placée sous le joug de janissaires privilégiés. Depuis huit mois, l'empire de ces janissaires semble s'établir. Ces janissaires ont arraché d'auprès du trône un ministre. Ces janissaires ont poursuivi dans les rues de Paris, les mandataires de la nation. Ces janissaires menacent aujourd'hui les amis de la Charte au fond des provinces.

Certes, je suis heureux de le reconnaître : notre noble armée résiste dignement au travail corrupteur qu'une faction fait sur elle. Mais ce motif de consolation ne deviendrait-il pas insuffisant, si, d'une part, l'on désorganisait précisément la partie saine et citoyenne de cette armée, et si, de l'autre, on encourageait sa partie factieuse et rebelle à nos lois?

Ce n'est point, je le répète, dans mon intérêt, que je soumets ces réflexions à Votre Excellence ; le danger quelconque est passé, et j'ai reçu de telles preuves, des preuves si multipliées et si générales de dévouement, d'amitié, d'affection, que je puis régarder cet évènement comme un bonheur de ma vie. Mais il s'agit de la paix publique. On ne la garantira point par des mesures partielles; tout se tient, en fait d'administration. Les hommes de 1815 subjugent les ministres ; les journaux de 1815 égarent une portion de notre jeunesse armée, et les excès de 1815 reparaissent.

Cependant la population calme et éclairée observe et juge. Partout où les sicaires de 1815 ne se montrent pas, l'ordre est admirable. Dans toute la Sarthe que j'ai parcourue durant quinze jours, pas un cri équivoque n'a été poussé, pas un acte répréhensible n'a été commis ; c'est que la raison nationale a su éluder les provocateurs. Mais cette raison, M. le Marquis, est une terrible puissance; elle sait d'où naissent les troubles : on ne peut la tromper, ni sur elle-même ni sur ses ennemis. Pour qui veut gouverner sagement, c'est un sûr auxiliaire; mais si je faisais partie d'un ministère qui voulût marcher en sens opposé, j'éprouverais une grande peur de cette raison nationale. Elle ne précipite rien : elle ne se décide qu'à bonnes enseignes; mais le moment vient où elle prononce, et quand elle a prononcé, tout est fini.

Il me reste, en terminant cette Lettre, à dire encore que je n'inculpe ni la totalité ni même la grande majorité de l'École d'équitation. Je n'ai vu, parmi les prétendus députés, qu'environ vingt individus de diverses armes; aucun n'appartenait à l'artillerie ni au génie. L'opinion publique ne compte en effet, dans cette école, que vingt individus notés pour le scandale et l'indiscipline, et dont les habitans de Saumur ont été contraints plus d'une fois de réprimer l'audace. Votre Excellence les connaîtra facilement, si elle veut; car on m'assure que les agens de police et les gendarmes placés à ma porte, sans que je le susse, dans la nuit du 7, les nommaient en les écartant.

J'invoque à l'appui des faits que je viens

d'exposer, le témoignage de M. le procureur du Roi, de M. Rossignol-Fleury, mon hôte, de M. Hurault, chez qui je dînais. J'indiquerai d'autres témoins, s'il est nécessaire. M. le procureur du Roi aura d'ailleurs recueilli sans peine les détails que j'ignore, puisque la garde nationale et une partie de la population étaient sous les armes. J'en appelle avec confiance à leurs dépositions.

J'ai l'honneur d'être, avec considération,

M. le Marquis,

De Votre Excellence

Le très humble et très obéissant serviteur,

BENJAMIN CONSTANT.

Blois, 10 octobre 1820.

RÉPONSE AU MONITEUR.

Le *Moniteur* a publié, le 24 de ce mois, des observations sur ma lettre à M. le ministre de la guerre. Cette publication officielle exige une réponse. Elle sera facile, car il n'y a pas une phrase de l'article du *Moniteur* qui ne dénature la question. Un mot de vérité suffira pour confondre et les apologistes, et ceux dont ils sont chargés de soutenir la cause.

Pour qu'on ne m'accuse pas d'altérer les allégations que je réfute, je publie l'article en entier. L'on trouvera la réfutation en note. Si dans cette réfutation je suis forcé de m'exprimer de nouveau avec sévérité sur des élèves de l'Ecole d'équitation, la faute en est au Journal officiel qui m'a attaqué. J'aurais voulu pouvoir garder le silence. Le *Moniteur* me représente comme fort irrité contre les élèves : c'est à tort. J'accorde beaucoup à l'effervescence d'une jeunesse qu'on égare à plaisir par les écrits qu'on lui ordonne de lire exclusivement. Les journalistes qui, fiers d'avoir le monopole de la licence, excitent cette jeunesse contre des députés, en les lui dénonçant comme *des ennemis de leur pays*, les censeurs qui permettent encore aujourd'hui ces dénonciations et ne permettent pas la réponse (voyez la *Quotidienne* du 30 octobre, sur MM. Dupont et Bignon) sont cent fois plus coupables, et ce sont eux surtout dont le châtiment exemplaire et public serait utile. Ce que je dirai donc relativement aux jeunes gens qui ont troublé l'ordre m'est arraché par des objections que je n'ai pas dû laisser sans réponse, et par la crainte que l'on ne profite du crédit qu'obtiendraient des assertions fausses, pour faire planer des soupçons injustes sur quelque portion d'une population admirable, constitutionnelle, et irréprochable sous tous les rapports.

Article du Moniteur du 24 octobre 1820.

M. Benjamin Constant vient de publier une *Lettre au Ministre de la guerre sur ce qui s'est passé à Saumur les 7 et 8 octobre.* M. Benjamin Constant ne parle dans cette Lettre ni du cri *aux armes!* proféré publiquement, ni des coups de fusil tirés sur des officiers de l'Ecole d'équitation, ni de la blessure reçue par un habitant de Saumur (1). Ainsi cette pré-

---

(1) Si le journaliste avait eu l'intention de me réfuter, au lieu de se livrer à des inculpations vagues, il aurait commencé par lire ma Lettre, et il aurait vu que j'annonçais, dès la première page, que l'enquête déjà commencée placerait tous les faits dans leur véritable jour, et qu'en attendant, j'exposerais ceux qui m'étaient connus. Or, il est clair que, renfermé dans la maison, que vingt, ou, selon le *Moniteur*, quarante élèves de l'Ecole d'équitation assiégeaient, je ne pouvais rendre compte de tout ce qu'on prétend s'être passé au dehors. Si j'avais voulu me servir des relations qui m'ont été remises, j'aurais pu dire beaucoup de choses affirmées par des personnes qui se prétendaient témoins oculaires. Les unes m'avaient raconté, par exemple, que les élèves de l'École qui voulaient briser la porte, chantaient l'air de 1793, *Çà ira*, en substituant le mot *libéraux* au mot *aristocrates*, et en désignant le poteau d'un réverbère. D'autres avaient ajouté que ces élèves, voyant des ouvrières des maisons voisines, effrayées

tendue relation ne fait mention d'aucun

---

de leur irruption armée, les avaient rassurées en leur disant : *Ce n'est pas à vous que nous en voulons ; c'est à celui qui soupe dans cette maison et à celui qui l'a invité. Nous leur trancherons à tous deux la tête avec nos sabres.* Je n'ai pas rapporté ces ouï-dires, et pour deux raisons : la première, c'est que je ne voulais rien raconter que je n'eusse vu et ne pusse garantir ; la seconde, c'est qu'ainsi que je l'ai dit dans ma Lettre, je n'attache pas une grande importance à des menaces, qui prouvent plutôt de la folie qu'autre chose. Les journaux d'un certain parti ont beaucoup répété qu'on n'avait point voulu me tuer. Je l'ai dit moi-même. Je crois que les assaillans étaient des fanfarons de meurtre. Mais je crois qu'excepté au 2 septembre 1792 et à Nîmes en 1815, les assassinats qu'on a commis n'étaient point médités d'avance. L'irritation de la lutte et la résistance des victimes ont occasionné des massacres, quand on n'avait projeté que des insultes. Il en eût peut-être été de même à Saumur ; et le *Moniteur* vient ici à mon aide. « On voulait, dit-il quelques » lignes plus bas, employer la violence pour me » forcer à quitter la ville. » Mais si je n'avais pas cédé, si je m'étais défendu en me faisant une arme du premier objet sous ma main, croit-on que les assaillans eussent remis leur sabre dans le fourreau ? J'étais, je l'ai prouvé, passablement décidé à ne pas me

---

laisser forcer à quitter Saumur, ni même la maison où je me trouvais. Or, lorsqu'on prétend jeter un homme hors d'une maison dont il ne veut pas sortir, il y a bien quelque chance qu'on le tue.

Quant aux faits que le *Moniteur* affirme, je dirai qu'en effet il paraît certain que les jeunes gens, qui, ainsi que ma Lettre l'atteste, informés des projets des officiers, avaient tenté de les arrêter, mais n'y avaient pas réussi, parce qu'ils étaient désarmés, crièrent *aux armes* lorsqu'ils se virent menacés par ces officiers, et se retirèrent pour aller prendre des pistolets et des cannes. Ce cri, *aux armes*, dont on veut leur faire un crime, était, ce me semble, assez naturel dans la circonstance, de la part d'hommes sans défense, contre des militaires armés.

Relativement aux coups de fusil tirés sur des officiers de l'École d'équitation, l'enquête prouvera si j'ai raison de douter du fait, comme je déclare que j'en doute. L'on a tiré deux coups de feu, cela est certain, mais ont-ils été tirés sur les officiers, ou ne l'ont ils pas été par eux? Ceux qui venaient pour forcer des portes ont bien pu se munir de toutes sortes d'armes. Ce que je puis attester, c'est que, dans ma conversation avec M. le sous-préfet, et dans la lettre qui a été la suite de cette conversation, ces coups de feu ne furent attribués à aucun citoyen, et que M. le sous-préfet, en déplorant la blessure qu'un des as-

nécessairement les poursuites commen-

---

siégeans avait reçue, parut croire que cet officier avait eu le bras cassé d'un coup de bâton. Mais quand il serait vrai, qu'après d'inutiles tentatives pour disperser des militaires qui voulaient entrer de force dans une maison, un coup de fusil eût été tiré sur eux, une question se présente : les citoyens de Saumur devaient-ils laisser violer le domicile de leur concitoyen, et insulter la personne de leurs magistrats? car si le récit du Moniteur est exact, la personne des magistrats était compromise. L'aveu en échappe au Moniteur lui-même. « Les magistrats, dit-il, « ont » *toujours* été *interposés* entre M. Benjamin Constant » et ceux qui voulaient employer *la violence* pour le » forcer à quitter Saumur. » Donc ces magistrats ont dû lutter; donc l'issue de la lutte était incertaine; donc ceux qui sont venus disperser les militaires agresseurs, sont venus dans le fait au secours de la loi. Je ne crois pas, je le répète, qu'ils aient tiré sur les assiégeans qui résistaient; mais si poursuivis par quelques-uns d'entre eux armés de sabres, ils avaient tiré, y aurait-il eu délit? il faut alors le dire, et les citoyens seront avertis de ne porter secours à personne, ni à l'homme qui se trouve un contre vingt, ni aux magistrats dont l'autorité est méconnue.

Enfin, quant à la blessure reçue par un habitant de Saumur, elle n'est que trop réelle; mais est-ce bien au Moniteur à me reprocher de n'avoir pas rap-

cès par le procureur du Roi (2).

---

pelé cette déplorable circonstance? comment n'a-t-il pas senti, que ne voulant, en écrivant au ministre de la guerre, lui communiquer que ce que j'avais vu, je ne pouvais rien y ajouter? Je devais faire connaître à l'autorité ce dont j'avais été témoin oculaire, mais non devancer l'enquête, en recueillant des rapports sur l'attestation d'autrui. Le Moniteur, qui est si mécontent de mon silence, eût-il mieux aimé me voir publier des détails révoltans, dont quelques-uns, peut-être, étaient inexacts? Il crie à l'omission, il eût crié à la calomnie. Avais-je besoin de dire d'ailleurs combien mon affliction a été profonde? On l'a vue à Saumur, et je n'ai pas trouvé nécessaire, je l'avoue, d'en entretenir Paris.

(2) Le fait principal, si je ne me trompe, c'était que des élèves d'une École militaire prétendissent avoir le droit d'expulser d'une ville un voyageur paisible. Ce fait a été la cause de tout; le reste a été déplorable sans doute, mais n'a été qu'un effet. C'est cette vérité que le Moniteur cherche à obscurcir; c'est cette vérité que j'ai vue à regret, non pas contestée, mais affaiblie dans la conversation de M. le Sous-Préfet. C'est pour établir cette vérité que j'ai demandé la déclaration du Maire; et cette vérité était si constante, que ce magistrat n'a pas cru pouvoir me refuser de l'attester. Je ressens une douleur amère de

On ne relèvera point les assertions de cette lettre; on croit inutile de répondre aux imputations odieuses qu'elle renferme; mais il ne l'est pas de mettre sous les yeux du public, succinctement, et d'après les rapports officiels, les faits qui se sont passés à Saumur les 7 et 8 octobre.

M. Benjamin Constant arriva à Saumur le 7, sur les six heures du soir. Il descendit chez un habitant ce cette ville, qui, pour le recevoir, avait réuni quelques personnes à dîner. Le bruit de son arrivée s'étant ré-

---

la blessure reçue par un citoyen étranger à ces désordres; mais la question sera toujours de savoir, si des militaires chasseront à leur gré les citoyens des lieux où leur présence leur ferait ombrage, et si ces militaires, sur le refus des citoyens, forceront les portes et emploieront la violence. La Quotidienne est de cette opinion (*voyez* son numéro du 17 octobre), car elle appelle l'ordre que voulurent m'intimer de jeunes élèves, un avis très sage. Le Moniteur n'ose pas aller si loin; mais il s'évertue à tout confondre, et représente comme le fait principal, ce qui n'a été que la suite d'une démarche dont aucun officier de l'armée française, durant 25 ans, et quand elle était victorieuse de l'Europe, n'aurait osé concevoir l'idée.

pandu, une vingtaine de jeunes gens, qui sont signalés comme appartenant à l'Ecole d'équitation, se rendirent sous les fenêtres de la maison où il dînait, et firent entendre les cris de : *A bas Benjamin Constant! qu'il parte!* Cette scène et ces cris attirèrent bientôt une foule de curieux et un plus grand nombre d'officiers, dont quelques-uns mêlèrent leurs voix et leurs menaces à celles de leurs camarades ; plusieurs des assistans blâmaient hautement la conduite de ces jeunes gens ; les têtes commençaient à s'échauffer, et on pouvait craindre des rixes fâcheuses. La présence de quelques gendarmes et des officiers supérieurs de l'Ecole les prévinrent. Les choses n'allèrent pas plus loin ce jour là.

Il paraît que quelques personnes avaient eu le projet d'offrir à M. Benjamin Constant un banquet public par souscription. Cette idée fut abandonnée (3), et M. Benjamin

---

(3) Ce fait est assurément de peu d'importance. Mais comme une erreur, et celle-ci, comme on le verra, est très volontaire, est une forte présomption

Constant accepta pour le lendemain un dîner chez M. Hurault. Pendant le jour, la tranquillité ne fut point troublée; mais vers les six heures du soir, environ quarante officiers de l'Ecole royale de cavalerie se rendirent devant la maison de M. Hurault, et tentèrent, à ce qu'il paraît (4), d'y péné-

---

contre l'exactitude de celui qui la commet, je me crois obligé de la relever. L'idée d'un banquet ne fut point abandonnée; elle le fut si peu que, ce banquet devant avoir lieu le 9, une députation nombreuse de citoyens vint, après les désordres du 8 au soir, me presser d'y assister, et ce ne fut qu'à ma sollicitation pressante qu'ils y renoncèrent. Ce fait, je le répète, est peu important; mais il le devient comme indice de mauvaise foi : car le moniteur n'a pu ignorer que les magistrats de Saumur croyaient encore le 9, à trois heures du matin, que le banquet aurait lieu. Le sous-préfet me déclara qu'il irait inviter les citoyens à s'en abstenir, et je lui répondis que mes instances avaient devancé les siennes.

(4) *A ce qu'il paraît :* et toute la ville de Saumur a été témoin de leurs efforts, et toute la ville a retenti de leurs cris! *A ce qu'il paraît!* et les magistrats se sont, dit le Moniteur lui-même, interposés entre moi et ces officiers. *A ce qu'il paraît!*

trer. L'instruction fera connaître jusqu'à quel degré de violence se portèrent à cet égard leurs tentatives : les cris et les menaces de la veille se renouvelèrent ; M. le procureur du Roi, son substitut et le juge d'instruction s'étaient portés sur les lieux, et résistèrent avec fermeté et succès à tous les efforts de cette jeunesse turbulente pour entrer dans la maison. Le sous-préfet avait réuni quelques brigades de gendarmerie et se rendait à leur tête, avec M. le maire, pour dissiper l'attroupement et rétablir la tranquillité. Chemin faisant, il fit arrêter un individu qui parcourait les rues en criant *aux*

---

et le sous-préfet est venu me déclarer qu'il était parvenu à les éloigner pour cette nuit ; mais qu'il répondait si peu de la tranquillité du jour suivant, qu'il ferait venir des troupes de Tours, si mon séjour se prolongeait. Certes, jamais partialité ne fut à la fois plus scandaleuse et plus maladroite. Apologistes imbécilles ! tâchez donc de ne pas nier dans une phrase ce que dans l'autre vous avouez : et après vous être résignés à des aveux que l'évidence vous a extorqués, n'essayez pas de jeter du doute sur ce que vous-mêmes avez reconnu incontestable, sur ce qui fait la base de votre propre récit.

armes (5)! Au même moment trois coups de fusil (d'autres relations disent deux) furent tirés. Quelques personnes prétendent qu'ils furent tirés de l'intérieur d'une maison : l'instruction éclaircira ce fait. Quoi qu'il en

---

(5) Notez bien la suite des assertions. Le procureur du roi, son substitut et le juge d'instruction résistaient aux efforts des assaillans. Le sous-préfet se rendait avec la gendarmerie et le maire, pour dissiper l'attroupement et rétablir la tranquillité. Ainsi, les magistrats luttaient; le sous-préfet marchait; l'attroupement n'était pas dissipé, ni la tranquillité rétablie. C'est dans ce moment que, chemin faisant, M. le Sous-Préfet fait arrêter un individu qui criait *aux armes*. Mais cet individu n'était certainement pas du nombre des officiers auteurs de ces troubles et qui voulaient forcer la maison. Le cri qu'il poussait ne pouvait-il pas avoir pour but d'appeler les citoyens au secours des magistrats? Que le sous-préfet ait cru leur assistance inutile, à la bonne heure. Mais la narration du Moniteur tend à inculper ce qui pouvait n'être et ce qui n'a été, j'en suis convaincu, qu'un mouvement naturel, une intention légitime et méritoire. Le Moniteur voudrait-il que, pour absoudre des coupables, on fît un procès à des innocens, et la population de Saumur serait-elle destinée à porter la peine des excès dont elle a failli être la victime?

soit, un élève officier fut atteint et blessé assez grièvement. Ainsi assaillis (6), ces officiers tirèrent leurs sabres, seules armes qu'ils eussent; ce funeste incident avait porté au comble leur exaspération (7). Un habitant fut frappé d'un coup de sabre; mais heureusement l'arrivée presque simultanée du sous-préfet, de la gendarmerie, de la garde nationale et du général commandant l'Ecole royale, accompagné de son état-

---

(6) Le choix de l'expression est heureux. Des élèves s'attroupent, vocifèrent, menacent ceux qu'ils rencontrent, essaient d'enfoncer les portes des maisons, et ce sont eux, d'après le Moniteur, qui ont à se plaindre d'avoir été assaillis.

Je pleure, hélas! sur ce pauvre Holoferne, etc.

(7) Si leur exaspération a été portée au comble, elle existait donc auparavant. Le coup de feu, la blessure n'ont fait que l'accroître. Mais d'où leur venait cette exaspération? de ce que leurs ordres d'exil étaient désobéis, de ce qu'un voyageur avait résisté à leur lettre de cachet, et s'obstinait à rester à Saumur sans leur permission. Tout cela paraît naturel au Moniteur, et on va pourtant le voir s'indigner de ce que je dis qu'avec de tels principes, nous serions sous le joug des janissaires.

major, empêcha de plus grands malheurs, et l'ordre fut rétabli. Pendant tout ce temps la peronne de M. Benjamin Constant n'a pas couru le moindre danger (8); les magistrats ont toujours été interposés entre lui et ceux qui voulaient employer la violence pour le forcer à quitter Saumur; et le lendemain il est parti dans l'après-midi, escorté par la gendarmerie (9).

---

(8) Il n'y a pas dans ma lettre un mot qui indique si je me suis cru en danger. J'ai dit que le danger avait paru pressant à M. Hurault, dont la maison était assaillie; mais j'ai laissé et je laisse encore au lecteur à juger, de ce qu'il y avait de réel dans ces craintes. Le danger, s'il y en a eu, était du même genre que celui du 3 juin, et comme dans cette première circonstance je n'en suis pas moins remonté à la tribune le 4, dans la seconde, je n'en ai pas moins refusé de quitter Saumur.

(9) L'assertion est fausse. La gendarmerie a paru dans les rues, mais ne m'a point escorté. Je n'ai pas eu besoin d'escorte, j'ignore si les élèves de l'École en auraient eu besoin s'ils s'étaient montrés. Une partie de la garde nationale et de la population voulait m'escorter, en signe de bienveillance. M. le Sous-Préfet s'y est opposé. Le hasard a fait que, sans le savoir, j'ai secondé son zèle, et que ce qu'il requérait

Tels sont les faits dans toute leur exactitude : nous n'y ajouterons aucune réflexion.

Il n'échappera à personne que, quels que fussent les torts de ces jeunes militaires, rien ne motivait et n'excuse l'attaque meurtrière dont ils ont été l'objet au moment où l'autorité publique avait pris toutes les mesures nécessaires pour mettre un terme aux insultes auxquelles M. Benjamin Constant était exposé (10); et on appréciera l'équité

---

d'un côté, je le demandais de l'autre. En sortant de Saumur, j'ai trouvé des citoyens à cheval qui m'ont accompagné pendant une lieue. La gendarmerie n'a été pour rien dans tout cela.

(10) C'est ici la partie la plus importante de la narration du Moniteur. Il veut établir par cette phrase que les *jeunes militaires* de l'École ont été l'objet d'une attaque meurtrière au moment où l'autorité publique avait pris toutes les mesures nécessaires, c'est-à-dire quand l'ordre était rétabli. Ce fait est faux, et je le prouve par le récit du Moniteur même. Je suis obligé d'en rappeler le texte; mais ceci est essentiel, on verra pourquoi.

Le Moniteur dit que « quarante élèves de l'École » s'étant rendus devant la maison de M. Hurault, et

et l'impartialité du narrateur, qui n'a pas même fait mention de cette déplorable circonstance.

» ayant, *à ce qu'il paraît*, tenté d'y pénétrer, et les » cris et les menaces s'étant renouvelés, le procureur » du Roi, son substitut et le juge d'instruction se por- » tèrent sur les lieux, que le sous-préfet réunit des » brigades de gendarmerie, et qu'il *se rendait* avec le » maire pour dissiper l'attroupement et rétablir la » tranquillité, lorsqu'*au même moment* trois coups » de fusil (d'autres disent deux) furent tirés et bles- » sèrent un élève. »

En admettant tout ce récit, il en résulte que le coup de feu qui blessa un officier, fut tiré *au même moment* où le sous-préfet marchait pour dissoudre l'attroupement, avant par conséquent qu'il fût arrivé, pendant que le procureur du Roi résistait aux jeunes militaires, avant par conséquent aussi, que l'attroupement fût dissipé. Il est donc faux que les élèves de l'École aient été l'objet d'une attaque meurtrière, que rien ne motivait. Au moment où cette attaque prétendue a eu lieu, d'après le Moniteur même, des magistrats luttaient contre des rebelles, le sous-préfet n'était point rendu sur les lieux, le siége de la maison et l'attroupement subsistaient, le désordre était encore à son comble.

J'ai déjà dit que je doutais fort que les coups de feu eussent été tirés sur les officiers ; mais ici je l'ad-

Nous voulions nous abstenir de toute réflexion; mais nous ne pouvons cependant nous dispenser de faire observer qu'il y a

---

mets, pour confondre le Moniteur par ses propres paroles. Ces coups de feu n'ont point été une attaque meurtrière; ils sont, de l'aveu du Moniteur, partis pendant le fort du trouble, avant qu'il fût sûr que les magistrats parviendraient à l'apaiser, quand ces magistrats eux-mêmes étaient en péril, puisqu'ils résistaient, interposés entre les militaires, c'est-à-dire les révoltés, et la porte que ces révoltés voulaient enfoncer. Cette partie du récit du Moniteur contient donc une calomnie. Si je m'exprime avec plus de chaleur sur ce point que sur les autres, c'est que je vois très bien où le Moniteur veut en venir. Il ne s'agit plus de moi; il s'agit d'un nombre quelconque de citoyens de Saumur, sur lesquels le Moniteur veut faire planer des soupçons infâmes, en peignant les résultats, peut être controuvés, sûrement accidentels, d'une défense légitime, comme des attaques meurtrières sans excuse et sans motif. Ce but, le Moniteur ne l'atteindra pas. Les faits sont connus de tous le monde. Des milliers de personnes en ont été témoins. M. le procureur du Roi est un homme estimable; il ne se prêtera point à servir la connivence ou la faiblesse qui veulent se mettre à l'abri aux dépens de l'innocence; il fera triompher la vérité.

plus que de l'inconvenance à flétrir du nom de *janissaires* et de *sicaires* des corps entiers de l'armée française (11). Ces expres-

---

(11) Je défie le Moniteur de citer une phrase qui fasse retomber sur *des corps entiers* de l'armée française, les dénominations de janissaires ou de sicaires. Voici les deux passages qui se rapportent aux excès que je dénonce; ce n'est même que dans le dernier que se trouvent les mots dont le Moniteur s'irrite. « A Paris, le 3 juin, des militaires déguisés ont voulu massacrer des députés; au Mans, des militaires sont entrés à cheval dans la demeure d'un de mes collègues, et l'ont menacé en son absence; enfin, la tranquillité de Saumur a été mise en péril par des militaires. » Certes, des militaires déguisés ne sont pas un corps; des militaires qui entrent à cheval dans une maison ne sont pas un corps; vingt ou quarante élève d'une École d'équitation ne sont pas un corps.

Voici le second passage. « Il s'agit de savoir si la France sera placée sous le joug de janissaires privilégiés. Depuis huit mois, l'empire de ces janissaires semble s'établir. Ces janissaires ont arraché d'auprès du trône un ministre; ces janissaires ont poursuivi dans les rues de Paris les mandataires de la nation; ces janissaires menacent aujourdhui les amis de la Charte dans les provinces. » Qu'y a-t-il dans ces phrases qui indique des *corps entiers* de l'ar-

sions, dont l'auteur de la lettre ne craint pas de se servir, sont un double outrage pour la majesté royale (12) et pour les troupes

---

mée française ? Oui, les militaires qui ont arraché au mois de février un ministre d'auprès du trône, se sont constitués des janissaires, et malheureusement ils sont impunis. Les militaires qui ont poursuivi dans les rues de Paris des députés se sont constitués des janissaires, et ils sont impunis comme les premiers. Les militaires qui ont voulu forcer un voyageur paisible à la fuite se sont constitués des janissaires; mais ai-je dit que ces janissaires composaient *des corps entiers* de l'armée française ? j'ai dit qu'ils étaient privilégiés. Certes, l'impunité est un privilége et ils en jouissent.

Je relève cette imputation du Moniteur, parce que l'intention en est visible. On voudrait semer la dissension entre les citoyens et l'armée. Dans ce que nous disons en défense des lois, de la liberté et de la Charte, on s'efforce de trouver des insinuations collectives : on ne réussira pas. Des individus peuvent être égarés par des suggestions perfides et par des feuilles incendiaires, les seules qu'on leur permette de lire. Mais l'armée française sera toujours fidèle à son pays, à la liberté pour laquelle elle a si long-temps et si glorieusement combattu, et au Roi dont l'intérêt véritable ne saurait jamais être séparé de la cause de la liberté.

(12) La majesté royale est au-dessus de toutes les

fidèles qui veillent autour du trône (13).

Ces troupes ont donné et ne cesseront de

---

agitations des partis. Je la respecte plus que les écrivains salariés qui veulent l'y faire intervenir, et plus surtout que ceux qui menacent les citoyens et violent les domiciles aux cris de *vive le Roi.* Le mot de janissaires n'est un reproche que pour le ministre qui, à la tribune, a détourné sur d'autres le blâme qui devait atteindre ces janissaires. La France sait quel est ce ministre. Si je l'accuse faussement, qu'il veuille bien me confondre, qu'il aborde devant la Chambre la question des troubles de juin, qu'il me dénonce devant mes collègues pour ceque je dis de sa conduite. Je renonce d'avance à tous les témoignages qu'on pourrait soupçonner de partialité. Je consens qu'on récuse tout le côté gauche. Le discours prononcé à la tribune par M. Camille Jordan me servira de témoin unique.

(13) Où donc ai-je insulté les troupes qui veillent autour du trône? Veillaient-ils autour du trône, les militaires déguisés qui ont assailli les députés? Veillaient-ils autour du trône, les officiers qui, au Mans, forçaient, en l'absence de M. de la Fayette, la maison où il demeurait? Veillaient-ils autour du trône, les élèves de l'École de Saumur? On croit jeter de la poudre aux yeux par de grandes phrases. Le public ne s'y trompe pas : il sait qu'elles ne font rien à la question.

donner des preuves de fidélité et de dévouement au Roi et à la patrie ; elles ont maintenu l'ordre partout où on a essayé de le troubler : car même dans ces journées du mois de juin (14), que M. Benjamin Constant semble leur reprocher plus particulièrement, elles se sont acquis par leur conduite à la fois sage et ferme, des titres à la recon-

---

(14) Y a-t-il eu, le 3 juin, des députés assaillis ? M. Chauvelin a-t-il été menacé ? M. Leseigneur saisi au collet et jeté à terre ? le domestique qui était derrière la voiture où je me trouvais, a-t-il été frappé ? Ces excès se sont-ils passés à la porte de la Chambre et à la suite des opinions émises à la tribune ? les coupables ont-ils été châtiés ? Voilà les véritables questions. On a beau les éluder, elles se reproduiront toujours, et la France attend la réponse. Confondre le 3 juin et les jours suivans ; justifier les agitations du 3 juin parce qu'il y a eu des troubles ensuite, reporter sur l'armée ce que nous disons d'officiers indignement travestis pour un guet-à-pens, sont de grossiers artifices. Personne n'en est dupe. La *journée* du 3 juin, l'attentat contre la représentation nationale, l'impunité de cet attentat, sont les premières causes de tout ; et le ministre qui a dénaturé ces évènemens si graves, peut s'attribuer tous les désordres qui se sont commis depuis et qui se prolongent.

naissance de tous les amis de la monarchie et de l'ordre public.

Après avoir réfuté le *Moniteur*, je me crois dispensé d'entrer avec d'autres adversaires dans une lutte qui me répugne, et qui serait sans utilité. Le public a-t-il besoin que je l'avertisse de la défiance que ces écrivains doivent lui inspirer? L'un d'entre eux, que le *Moniteur* a encore copié, me fait un crime d'avoir parlé de la faction qui veut dominer le ministère, et qui malheureusement réussit trop souvent dans ses tentatives. Au lieu de lui répondre, je me permettrai de le renvoyer à cette *bombe royaliste*, dont l'auteur traite les ministres en sujets révoltés, et tout en leur reprochant les bornes qu'il les accuse de mettre à leur longue obéissance, nous initie dans le secret de leurs négociations, de leurs promesses, de leurs complaisances, insuffisantes sans doute aux yeux d'une faction insatiable, mais alarmantes pour la nation, inquiétantes pour tous ceux dont les intérêts sont liés aux transactions sanctionnées et aux droits acquis depuis un quart de siècle, et décourageantes pour les amis de la Charte et du Monarque constitutionnel. Il inculpe ensuite la justice même que j'ai rendue à la majorité de l'Ecole d'équitation de Saumur, et prétend que j'ai voulu semer la division en louant les uns aux dépens des autres. Devais-je, pour maintenir la concorde entre les coupables et les innocens, mentir à ma conscience, calomnier ceux-ci et les rendre solidaires des premiers? C'est bien alors qu'on m'eût taxé d'exagération. J'ai parlé de vingt perturbateurs, parce que j'en ai compté à peu près ce nombre lors de la matinée du 8. Le *Moniteur* le porte à quarante. Dans tous les cas, on doit me savoir gré de n'avoir dit que ce dont j'étais sûr, et d'avoir cherché des sujets d'éloges quand j'aurais pu me borner à une plainte. Le même journaliste s'irrite *des perfides louanges dont j'empoisonne de jeunes amis*, parce que j'ai prétendu que présenter des pétitions en faveur d'un professeur, ou même pour le maintien d'une loi, n'était pas la même chose qu'enfoncer nuitamment, et le sabre en main, les portes des citoyens pour les chasser de leur domicile. Qu'aurait-il dit, si, en parlant de jeunes gens déguisés, se jetant vingt contre un sur des députés, j'avais imprimé comme un de ses auxiliaires, *que le 3 juin des citoyens s'étaient permis de châtier des turbulens et des séditieux?* (Journaux du 22 octobre); notez que le 5 juin nul attroupement dans un sens opposé n'avait eu lieu, mais trois députés avaient failli être massacrés. Qu'aurait-il dit encore, si en parlant d'officiers qui avaient menacé de tuer un voyageur et son hôte, j'avais prétendu *que ces officiers n'avaient eu d'autre tort que de faire entendre énergiquement un cri national;* (journaux du 25). Enfin, cet écrivain m'attribue un *imperturbable sang-froid, quand il s'agit de mes adversaires.* Ici sa mémoire l'a trompé; ce n'est pas moi qui, lorsque mes collègues se plaignaient à la tribune d'avoir couru risque de la vie, me suis écrié: *parlez pour vous.* Les journaux du temps constatent que ce cri caractéristique n'est pas parti des bancs du côté gauche.

Il est temps de terminer cette discussion. Je ne comptais point après ma lettre au ministre, être forcé d'écrire une seconde fois sur une affaire que des milliers de témoins connaissent, et dont la justice est saisie. J'ai dû m'en occuper de nouveau, lorsque j'ai vu manifestement dans le Moniteur l'intention d'inculper des hommes dont la conduite n'a mérité que des éloges. Je ne répondrai désormais à rien de ce qui pourra m'être personnel; mais s'il arrivait que des citoyens irréprochables, des amis généreux, une population admirable par son courage, sa modération et sa sagesse, fussent exposés à la calomnie, j'envisagerai comme un devoir, j'accepterai comme un bonheur, l'honorable mission de me dévouer à les défendre.

POST-SCRIPTUM.

Depuis que la première édition de cette Lettre a paru, des journaux censurés ont imprimé contre moi des invectives tellement grossières, qu'elles déshonoreraient les journalistes qui les écrivent, s'ils n'étaient dès long-temps déshonorés. Quand on en est arrivé, dans un pays, à ce point d'infamie, que la censure n'est employée qu'à garantir l'impunité à la calomnie et au mensonge, il ne reste plus aux citoyens honnêtes, pour exprimer leur mépris, que le silence. La France, qui lit et qui observe, jugera entre moi et mes adversaires ; elle jugera le plan de diffamation qui se poursuit contre un grand nombre de députés à qui l'usage des journaux est interdit (1); elle jugera si jamais, avant cette époque, aucun parti s'est rendu coupable de tant de bassesse et de tant de lâcheté.

Quant à ce qui me regarde, je m'en remets sans crainte à ce jugement. L'opinion se dira : Un voyageur paisible a été assailli dans la maison de son hôte; il a dénoncé cet attentat, et pour résultat de sa plainte des libellistes l'ont insulté, des censeurs ont appouvé ces libellistes, des ministres ont approuvé ces censeurs.

---

(1) Voyez le *Journal des Débats* du 3 novembre.

RÉPONSE AU PAMPHLET

DE M. BINEAU-SEBILLE,

DEUXIÈME ADJOINT DU MAIRE DE SAUMUR (1).

LE petit écrit de M. Bineau, dont quelques journaux ont parlé, comme révoquant en doute les faits allégués dans ma Lettre, me parvient au moment où l'impression de cette Brochure est terminée. Je m'en félicite, parce que je puis relever quelques assertions de M. Bineau, sans avoir besoin de rentrer dans une discussion qui pourrait fatiguer le public, malgré son importance : car il s'agit de savoir si les élèves d'une école militaire pourront chasser des villes de France les citoyens dont la présence leur déplaira, quand ces citoyens seront députés, et pour raison des opinions émises par eux à la tribune.

(1) Ce pamphlet se vend chez Lenormant, rue de Seine, n° 8. Je désire beaucoup qu'on l'achète et qu'on le lise.

Le seul fait sur lequel le récit de M. Bineau et le mien diffèrent, est celui-ci. Il prétend que ce ne sont pas les jeunes gens qui ont dissipé les élèves qui voulaient entrer de force dans la maison de M. Hurault. Ce fait, comme on voit, est parfaitement étranger au fond de l'affaire. Je l'ai raconté comme je l'avais appris, de personnes dont je n'ai aucune raison de suspecter la véracité : mais j'étais renfermé dans la maison que l'on assiégeait, et j'ai dû rapporter ce qui s'était passé au-dehors, d'après les récits de ceux qui en avaient été témoins oculaires.

Ce que je dis ici ne tend qu'à prouver combien le seul fait que relève M. Bineau est peu important. Car, du reste, la dénégation de M. Bineau ne suffit nullement pour me convaincre qu'il soit inexact. Je suis d'autant moins disposé à considérer cette dénégation comme une preuve, qu'il y a dans les sept pages que M. Bineau a publiées, deux ou trois assertions beaucoup plus graves, et qui sont de toute fausseté.

1°. M. Bineau fait entendre que la garde nationale n'a point pris les armes, que l'administration municipale avait jugé sage de ne point recourir à elle, et que tout s'est passé entre les officiers-élèves et leurs chefs, réunis aux autorités civiles et judiciaires. Or la garde nationale a pris les armes. Je l'ai vue sous les armes en sortant de chez M. Hurault. Un détachement de cette garde nationale, dont une partie était en uniforme, m'a reconduit chez moi. Une députation de cette garde nationale, également en uniforme, est venue chez moi après que j'étais rentré. Ce n'est que lorsque la garde nationale a paru sous les armes, ainsi que je l'ai dit dans ma Lettre, que tout désordre a cessé, et c'est alors que les autorités se sont présentées chez M. Hurault.

Il y a pourtant un point sur lequel M. Bineau peut avoir raison. Je crois, comme il l'affirme, que l'administration municipale *avait jugé sage* de ne point recourir à la garde nationale. Je crois que la garde nationale a pris les armes spontanément. Déjà on me l'avait assuré : je n'avais pas voulu le dire, pour ne pas accuser les autorités d'avoir négligé le moyen le plus naturel et le plus sûr de rétablir le calme. Mais puisqu'elles se dénoncent elles-mêmes, je ne me crois pas obligé de leur attribuer plus de mérite qu'elles n'en ont eu, et j'accorde à M. Bineau qu'elles ont mieux aimé laisser en danger le domicile de M. Hurault, sa personne et celles de ses convives, en ne s'appuyant que d'une gendarmerie que le sous-préfet reconnaissait pour trop faible, puisqu'il voulait faire venir des troupes de Tours, que de requérir la garde nationale.

Au reste, ceci n'est pas la question. Il s'agit de savoir lequel de M. Bineau ou de moi a tort; lui, en insinuant que la garde nationale n'a été de rien dans toute l'affaire; moi, en attribuant à cette excellente garde nationale la fin du désordre. Cette question est facile à décider; que M. Bineau ose déclarer que la garde nationale n'a pas pris les armes dans la soirée du 8; qu'il ose écrire cette déclaration à la face de Saumur. S'il ne le fait pas, il en résulte que j'ai dit la vérité, et que lui, M. Bineau, a insinué le contraire.

La seconde assertion de M. Bineau n'est pas plus exacte que la première, et elle est beaucoup plus grave.

M. Bineau affirme à deux reprises, « que l'exaspération des élèves avait été produite par la blessure de l'un d'entre eux, qui avait reçu un coup de feu, et que leur irritation et leur ardeur à se porter vers la maison de laquelle ils soupçonnaient que ce coup de feu avait été tiré, et vers celle de M. Hurault, qui est en face, n'avaient été causées que par ces mêmes coups de feu et cette même blessure.» Ainsi, ce seraient les habitans de Saumur qui auraient tiré sur les élèves; et ce ne serait que par suite de ce guet-à-pens que les élèves se seraient portés vers la maison de M. Hurault; et c'est un concitoyen, un magistrat qui dénonce ainsi sa propre ville, et qui la dénonce contre l'évidence et la vérité des faits. Quoi! l'exaspération des élèves n'aurait pris naissance qu'après un coup de feu tiré sur l'un d'eux; et ils étaient venus la veille pousser des cris et des vociférations féroces sous mes fenêtres; et ils avaient menacé de me tuer, si je ne partais avant midi; et la gendarmerie avait été obligée de veiller à ma porte pour les repousser; et le lendemain dans la matinée, vingt d'entre eux m'avaient intimé leurs ordres!

Mais si leur exaspération n'avait d'autre cause que celle que M. Bineau assigne, qu'avais-je à faire dans tout cela? Ce n'était pas moi qui avais tiré le coup de feu; ce n'était pas même de la maison de M. Hurault que les élèves le soupçonnaient d'être partis; c'était, d'après les propres paroles de M. Bineau, de la maison qui est en face. Pourquoi donc cet acharnement à enfoncer la porte de celle où j'étais? Pourquoi ces cris poussés contre moi? Pourquoi ces menaces de me tuer, ainsi que mon hôte? Pourquoi? parce que, comme je l'ai en toutes lettres de la main de M. le maire, *bien que ma conduite ni celle des personnes qui m'avaient reçu, n'eussent donné lieu à aucun trouble d'aucune manière, des provocations et des scènes qu'on attribuait à* L'ÉTOURDERIE *de quelques jeunes gens de l'École de cavalerie, avaient été poussés le 7 sous mes fenêtres; parce que le 8, ces cris et ces provocations s'étaient renouvelés;* parce que quarante jeunes gens de l'École s'étaient mis en tête de me faire partir, parce qu'ils avaient voulu m'effrayer, parce qu'ils n'y avaient pas réussi, parce que les autorités que les scènes du 7 avaient averties, comptant sur les craintes que je n'avais pas, n'avaient pas seulement trouvé bon de consigner pour 24 heures les perturbateurs.

Les coups de feu n'étaient pour rien dans les projets de ces insensés, leur exaspération avaient précédé ces coups de feu; leur exaspération venait de ce que des journaux censurés leur avaient appris qu'il ne fallait pas laisser voyager paisiblement des députés du côté gauche; leur exaspération venait de l'impunité du guet-à-pens du 3 juin.

Je suis honteux d'insister si long-temps, sur des vérités aussi évidentes, mais je défend une population tout entière contre une accusation innouie, contre une accusation démentie par la raison comme par les faits; contre une accusation, chose étrange! portée contre elle par un de ses magistrats.

Une observation me frappe et frappera sûrement tous mes lecteurs.

On a vu comme le Moniteur raconte la chose : « Rien ne motivait et n'excuse, dit-il, » l'attaque meurtrière dont ils (les élèves) » ont été l'objet, au moment où l'autorité pu» blique avait pris toutes les mesures néces» saires. » C'était donc après l'attaque dirigée contre la maison de M. Hurault. Mais selon M. Bineau, l'irritation des élèves et leur ar deur à se porter vers cette maison, n'ont été causées que par les coups de feu que le Moniteur appelle une attaque meurtrière. C'était donc avant l'affaire. Que M. Bineau choisisse : il doit arguer le Moniteur de faux, ou se reconnaître lui-même coupable d'une assertion fausse. Il y a sans doute encore un autre parti à prendre, c'est de croire que la vérité ne se trouve ni dans le Moniteur, ni dans l'écrit de M. Bineau : c'est le parti que je prends.

Quant à la troisième assertion de M. Bineau, libre à lui d'affirmer qu'il m'a dit qu'on passerait *sur son corps* et non *sur son cadavre;* libre à lui de professer sa confiance pour tout militaire français, quelle que soit l'exaltation de sa jeune tête. J'estime autant que personne nos braves militaires, j'en chéris plusieurs, j'en respecte un bien plus grand nombre; mais l'expérience me force à faire des exceptions. Les militaires déguisés du 3 juin en sont une; les vingt ou quarante élèves de l'école de Saumur en sont une autre.

FIN.

www.ingramcontent.com/pod-product-compliance
Ingram Content Group UK Ltd.
Pitfield, Milton Keynes, MK11 3LW, UK
UKHW012107240726
13965UKWH00004B/1612